EXODUS

SPRiNG to Echo Bible 2

Eun Suk Cho

Kindle Direct Publishing
Emmanuel Press

Eun Suk Cho

EXODUS 26-30

SPRiNG to Echo Bible 2

Cho, Eun Suk, 1960-

ISBN: 9781082117954

Kindle Direct Publishing. 22 July 2019. Print.

2-2. Contents[1]

---

1) B.S. Childs 1974:vii-viii

2-3. Hepax Legemenona in the Book of Exodus

Exo-dus	Hebrew	English	Conju-gation	BDB
9:31	נִבְעֹל	bud	n.m.	149c
16:31	צְפִיחִית	flat cake, wafer	n.f.	860c
16:33	צִנְצֶנֶת	pot, or like receptacle	n.f.	857a
21:10	עֹנָה	cohabitation, conjugal duty	n.f.	773b
30:34	חֶלְבְּנָה	a kind of gum, ingredient of the holy incense, galbanum	n.f.	317b
30:34	שְׁחֵלֶת	an ingredient of the holy incense, onycha	n.f.	1006c

2-4. SPR Reading of Exodus 26-30

Exodus 20:22-23:33. Statutes and Ordinances of the Covenant

The collection of the casuistic laws, Exodus 20:22-23:33 sometimes has been titled as "the Book of the Covenant."

Exodus 26

This chapter is a blueprint of the tabernacle.

Exodus 26:1-3. The Tabernacle You Shall Make

Exodus 26:1.

1

"The tabernacle you[2] shall make ten curtains, linen
twisted, purple wool and red purple and worm-scarlet of
scarlet cherubim.

1

And work cunning you shall make them.

성막을 네가 만들어라. 열 개의 커튼들, 세마포를 꼬아서. 자색
양털실, 그리고 붉은 자색, 그리고 진홍벌레 진홍 케루빔을. 그리고
작업으로--정교한--네가 그들을 만들어라.

	1	2
A		
B		

---

2) The second person is singular.

Exodus 26:2.

2

The length of the curtains, each, are to be twenty eight in the cubit, and the breath of four in the cubit and the curtain the other measure of one in all the curtains.

길이는, 커튼들의, 각각, 스물여덟 규빗이어야 한다. 그리고 너비는 네 규빗이어야 한다. 그리고 다른 커튼의 규격도 같아야, 한다. 모든 커튼들이.

	1	2
A		
B		

Exodus 26:3.

3

Five of the curtains become united, a woman to her sister,
and five curtains are being united, a woman to her sister.

다섯 개 커튼들이 하나가 되어야 한다, 한 여자가 그녀의 자매에게,
그리고 다섯 커튼들이 하나가 되어야 한다, 한 여자가 그녀의
자매에게.

	1	2
A		
B		

Exodus 26:4-6. You Shall Make Loops of Violet

Exodus 26:4.

4
You shall make loops of violet upon the edges of the
curtain, the one.
4
And from the end of the draperies, and you shall make in
the edge of the curtain at the end in the joining of the
second.

너는 만들어야 한다, 고리들, 보라색의, 가장자리들에, 커튼의,
하나를. 그리고 끝에서부터, 피륙의, 너는 만들어야 한다, 커튼의
가장자리에, 연결부분에, 두 번째를.

	1	2
A		
B		

Exodus 26:5.

5
Fifty loops you shall make in the curtain the one,
5
and fifty loops you shall make at the end of the curtain
that is in the joining in the second
5
that is standing against the loops, a woman to her sister.

쉰 개의 고리들을 너는 만들어야 한다, 커튼에, 하나의. 그리고 쉰
개의 고리들을 너는 만들어야 한다, 끄트머리에, 그 커튼에,
연결되어 있는, 두 번째에. 서 있는, 고리들에 대항하여 서 있는, 한
여자가 그녀의 자매에게.

	1	2
A		
B		

Exodus 26:6.

6
You shall put fifty hooks of gold,
6
and you shall unite the curtains, a woman to her sister,
6
and shall be the tabernacle one.

너는 두어야 한다, 쉰 개의 고리들을 금으로 된, 그리고 너는
연합해야 한다, 커튼들을, 한 여자가 그녀의 자매에게. 그러면 될
것이다, 성막이 하나가.

	1	2
A		
B		

Exodus 26:7-10. You Shall Make the Curtains

Exodus 26:7.

7
"You shall make the curtains of female goats hairs for the tent
7
over the tabernacle, eleven curtains you shall make them.

너는 만들어야 한다, 커튼들을, 암염소 털로, 장막의, 성막 위로. 열하나의 커튼들을 너는 만들어야 한다, 그들을.

	1	2
A		
B		

Exodus 26:8.

8
The length of the curtain of one is thirty in the cubit,
8
and the width is four in the cubit of the curtain of one.
8
Measure of the one is for the eleven curtains.

길이는--커튼의, 하나의--30 규빗이고, 너비는, 4 규빗이다,
커튼의, 하나의. 규격은 하나다, 열 한 개의 커튼들의.

	1	2
A		
B		

Exodus 26:9.

9
You shall unite the five curtains to separation, and the six curtains to separation.
9
And you shall fold double the sixth curtain to the front to the face of the tent.

너는 연결해야 한다, 그 다섯 개의 커튼들을 따로, 그리고 여섯 개의 커튼들을 따로. 그리고 너는 이중으로 접어야 한다, 그 여섯 번째 커튼을, 그 앞에, 얼굴 앞에, 성막의.

	1	2
A		
B		

Exodus 26:10.

10
You shall make fifty loops upon the edges of the curtain
the one at the outermost in the joints, and fifty loops upon
the edges of the curtain in the joints of the second.

너는 만들어야 한다, 쉰 개의 고리들을, 끄트머리 위에, 커튼의,
하나의, 바깥 연결고리들의. 그리고 쉰 개의 고리들을 끄트머리
위에, 커튼의, 연결고리들의, 두 번째의.

	1	2
A		
B		

Exodus 26:11-14. Then You Shall Make Hooks Bronze Fifty

Exodus 26:11.

11
Then you shall make hooks bronze fifty.
11
And you shall bring the hooks in the loops.
11
And you shall unite the tent. And it will be one.

그리고 너는 만들어야 한다, 갈고리들을, 청동으로, 쉰 개를. 그리고
너는 가져와야 한다, 그 갈고리들을, 고리들로. 그리고 너는
연결해야 한다, 텐트를. 그러면 그것이 하나가 될 것이다.

	1	2
A		
B		

Exodus 26:12.

12
The access that is remaining over in the curtains of the tent, half of the curtain, that is remaining over, shall hang over the back of the tabernacle.

접속, 남은 것의, 커튼들의, 텐트의, 절반의, 그 커튼의 남은 것의, 늘어뜨려야 한다, 뒷켠에 성막의.

	1	2
A		
B		

Exodus 26:13.

13
The cubit from this and the cubit from this in that is
remaining over in the length of the curtains of the tent
shall be hanging down upon the side of the tabernacle
from this and from this to cover it.

그 규빗, 여기로부터, 그리고 그 규빗, 여기로부터, 남아 있는 것은,
곧 커튼들의 길이 위로, 텐트의, 내려뜨려져야 한다, 성막의 곁으로,
여기로부터, 그리고 여기로부터, 그것을 덮도록.

	1	2
A		
B		

Exodus 26:14.

14
You shall make covering for the tent of skins of rams dyeing red and the covering of the skins badgers from above.

너는 만들어야 한다, 덮개를, 텐트를 위하여, 양들의 가죽들로, 붉게 물들인, 그리고 덮개를, 해달들의 가죽들로, 그 위에.

	1	2
A		
B		

Exodus 26:15-19. You Shall Make the Boards for the Tabernacle

Exodus 26:15.

15
"You shall make the boards for the tabernacle trees of acacia that are standing up.

너는 만들어야 한다, 판자들을, 성막을 위하여, 아카시아 나무들로, 지탱하는.

	1	2
A		
B		

Exodus 26:16.

16
Ten cubits length the board and a cubit and half of the cubit of the width of the board the one.

십 규빗 너비로 판자를, 그리고 한 규빗 반으로 너비로 판자 하나를.

	1	2
A		
B		

Exodus 26:17.

17
Two hands of the board the one are to be bound a woman
to her sister.
17
So you shall make all boards of the tabernacle.

두 손들을, 판자의, 하나의, 서로 연결되어야 한다, 여자가 그녀의
자매에게로. 그렇게 너는 만들어야 한다, 모든 판자들을, 성막의.

	1	2
A		
B		

Exodus 26:18.

18
You shall make the boards for the tabernacle twenty
boards to the edge of the south, southern area.

너는 만들어야 한다, 판자들을, 성막을 위하여, 스무 개의 판자들을,
구석에, 남쪽의, 남쪽 지역에.

	1	2
A		
B		

Exodus 26:19.

19
And forty bases of silver you shall make under the twenty
bases, two bases under the board of one, two hands of it,
and two bases under the board of one, two hands of it.

마흔 개의 받침들을, 은으로, 너는 만들어라. 스무 개의 받침들
아래. 두 받침들은 하나의 판자 아래애, 두 손들을. 그리고 두 개의
받침들을 하나의 판자 아래에, 두 손들을.

	1	2
A		
B		

Exodus 26:20-25. For the Side of the Tabernacle, the Second

Exodus 26:20.

20
For the side of the tabernacle, the second, for the corner of the north, twenty boards.

그 면의 성막을 위해서는, 두 번째, 북쪽 코너에, 스무 개 널판들을.

	1	2
A		
B		

Exodus 26:21.

21
And forty bases of silver, two bases under the board of the
one two bases under the board of the one.

그리고 마흔 개의 받침들을, 은의, 두 받침들을 하나의 판자
아래에, 두 개의 받침들을 하나의 판자 아래에.

	1	2
A		
B		

Exodus 26:22.

22
For the rear portion of the tabernacle westward, you shall make six boards.

뒤켠을 위해, 성막의, 서쪽으로, 너는 만들어야 한다, 여섯 개의 판자들을.

	1	2
A		
B		

Exodus 26:23.

23
And two boards you shall make for the corners of the
tabernacle
in the rear portions.

그리고 두 개의 판자들을 너는 만들어야 한다, 구석들을 위해,
성막의, 뒤켠의.

	1	2
A		
B		

Exodus 26:24.

24

And shall be twins from downwards, and together shall be complete upon his head to the signet ring of the one so that will be for the two, the corners they will be.

그리고 쌍이어야 한다, 아래로부터. 그리고 함께 되어야 한다 온전하게, 그의 머리로부터 인장 고리를, 그 하나의, 그래서 되게 하라, 두 개에, 그 구석들에 그들이 되게.

	1	2
A		
B		

Exodus 26:25.

25
So there will be eight boards and bases of silver, sixteen
bases, two bases under the board of the one, and two
bases under the board of the one.

그러므로 여덟 개의 판자들과 받침들이, 은의, 열여섯 개의
받침들과, 두 개의 받침들이 하나의 판자 아래에, 그리고 두 개의
받침들이 하나의 받침 아래에.

	1	2
A		
B		

Exodus 26:26-29. Also You Shall Make Bars of Tree of Acacia

Exodus 26:26.

26
"Also you shall make bars of tree of acacia:
26
five for the boards on one side of the tabernacle the one.

그리고 너는 만들어야 한다, 기둥들을 아카시아 나무로. 다섯 개의
판자들을 성막의 한쪽 면에, 하나를.

	1	2
A		
B		

Exodus 26:27.

27
Five bars for the boards of the side of the tabernacle, and
the second five bars for the boards of the side of the
tabernacle for the rear portion of the west.

다섯 개의 기둥들이 판다들에, 한켠의, 성막의, 그리고 두 번째
다섯 개 기둥들이 한켠의, 성막의 뒤켠의, 서쪽의.

	1	2
A		
B		

Exodus 26:28.

28
And the bars in the middle in the midst of the boards shall
extend from the end to end.

그리고 그 기둥들이 중앙에 있는, 판자들 가운데, 연장될 것이다,
끝에서 끝으로.

	1	2
A		
B		

Exodus 26:29.

29
The boards are overlaid gold, and their rings you shall
make gold for the houses of the polls. And you shall
overlay the bars with gold.

그 판자들은 덮였다, 금으로. 그리고 그들의 고리들을 너는 만들라,
금으로. 그것은 꿸 곳들이다, 기둥들의. 그리고 너는 감싸야 한다,
기둥들을 금으로.

	1	2
A		
B		

Exodus 26:30. You Shall Raise Up the Tabernacle Like His Judgment

30
"You shall raise up the tabernacle like his judgment that I showed you in the mountain.

너는 세워야 한다, 성막을, 그의 판단처럼, 내가 네게 보여준, 그 산에서.

	1	2
A		
B		

Exodus 26:31-35. You Shall Make a Curtain

Exodus 26:31.

31
"You shall make a curtain of purple wool, red purple, and
worm-scarlet of scarlet, and linen twisted, work of esteem,
it shall be made of cherubim.

너는 만들어야 한다, 커튼을, 자줏빛 양털, 붉은 자줏빛, 그리고
진홍벌레 진홍, 셰마포를 꼬아서, 정교한 작품으로. 그것은
케루빔으로 만들어야 한다.

	1	2
A		
B		

Exodus 26:32.

32
You shall give it upon the four pillars of acacia, overlaid
with gold, and hooks of gold upon the four pedestals of
silver.

너는 주어야 한다, 그것을, 네 기둥들 위에, 아카시아의, 금을 싸서,
그리고 갈고리들을, 금으로 싼, 네 은 받침대들 위에.

	1	2
A		
B		

Exodus 26:33.

33
You shall give the curtain under the hooks, you shall bring
there from the house to the curtain the Ark of the
Testimony to divide the curtain unto you between the Holy
and between the Holy of the Holies.

너는 주어야 한다, 커튼을 갈고리들 아래. 너는 가져가야 한다,
거기에, 그 집으로부터 커튼으로, 언약궤를, 그 커튼이 구분하도록,
성소와 지성소 사이를.

	1	2
A		
B		

Exodus 26:34.

34
You shall give the Propitiatory upon the Ark of the
Testimony in the Holy of the Holies.

너는 주어야 한다, 속죄소를 언약궤 위에, 지성소에.

	1	2
A		
B		

Exodus 26:35.

35
You shall put the table from outside to the curtain and
lampstand in front of the table upon the side of the
tabernacle in the south, and the table you shall put upon
the side of the north.

너는 두어야 한다. 테이블을 바깥으로부터 커튼으로, 그리고
등잔대를 테이블 앞에, 성막 곁 위에 남쪽으로, 그리고 테이블을
너는 두어야 한다, 북쪽 곁으로.

	1	2
A		
B		

Exodus 26:36-37. You Shall Make Covering for the Entrance to the Tent

Exodus 26:36.

36
"You shall make covering for the entrance to the tent,
purple wool, red purple, worm-scarlet of crimson, and linen
twisted, work of being variegated.

너는 만들어야 한다, 덮개를, 입구를 위하여, 텐트의. 자줏빛 양털,
붉은 자줏빛, 진홍벌레 진홍, 그리고 아마포를 꼬아서, 정교한
작업으로.

	1	2
A		
B		

Exodus 26:37.

37
You shall make for the covering five pillars of acacia.
37
And you shall overlay them with gold.
37
And their hooks shall be of gold.
37
And you shall cast for them five pedestals of bronze.

너는 만들어야 한다, 그 덮개를 위하여, 다섯 개의 기둥을,
아카시아의. 그리고 너는 감싸야 한다, 그들을, 금으로. 그리고
그들의 갈고리들은 금이어야 한다. 그리고 너는 부어야 한다,
그들을 위하여, 다섯 개의 받침대들을, 동으로.

	1	2
A		
B		

Exodus 27

Exodus 27:1-8. You Shall Make An Altar of Tree of Acacia

Exodus 27:1.

1
"You shall make an altar of tree of acacia, five cubits
length, and five cubits width.
1
A square shall be the altar, and tree cubits height.

너는 만들어야 한다, 제단을, 나무로, 아카시아의. 다섯 규빗 길이,
다섯 규빗 넓이. 네모져야 한다, 그 제단은. 그리고 세 규빗 높이다.

	1	2
A		
B		

Exodus 27:2.

2
You shall make horns of it upon the four corners of it,
from it shall be horns of it,
2
and you shall overlay it with bronze.

너는 만들어야 한다, 그것의 뿔들을, 그것의 네 구석들에,
그것ㄷ으로부터, 그것은 그것의 뿔들이 되어야 한다. 그리고 너는
감싸야 한다, 그것을, 청동으로.

	1	2
A		
B		

Exodus 27:3.

3
You shall make the pots of it to receive the ashes of it,
shovels of it and bowls of it, and forks of it, and firefolders
of it,
3
and all the vessels of it you shall make with bronze.

너는 만들어야 한다, 그것의 단지들을, 그것의 재들을 담아내기
위해서, 그것의 부삽들을, 그리고 그것의 그릇들을, 그리고 그것의
갈고리들을, 그리고 그것의 불 옮기는 그릇들을. 그리고 모든
그것의 용기들을, 너는 만들어야 한다, 청동으로.

	1	2
A		
B		

Exodus 27:4.

4
You shall make for it a grating, a work of a net of bronze.
4
And you shall make upon the net four signet rings of
bronze upon the four ends of it.

너는 만들어야 한다, 그것을 위해 창살을, 그물망 제작을, 놋으로.
그리고 너는 만들어야 한다, 그 그물망 위에 네 개의 고리들을,
놋으로, 그것의 네 끄트머리 위에.

	1	2
A		
B		

Exodus 27:5.

5

You shall give it under the rim of the altar, from
downwards,
5
and it shall be the net as far as the half of the atar.

너는 주어야 한다, 그것을, 가장자라 아래로, 제단의, 아래쪽으로.
그리고 그것은 그물이 되어야 한다, 이르도록, 제단의 절반까지.

	1	2
A		
B		

Exodus 27:6.

6
You shall make poles for the altar, poles of the tree of acacia.
6
And you shall overlay them with bronze.

너는 만들어야 한다, 기둥들을, 제단을 위하여, 기둥들을 아카시아 나무로. 그리고 너는 감싸야 한다, 그들을, 놋으로.

	1	2
A		
B		

Exodus 27:7.

7

Shall be put its poles in the signet rings. And shall be the poles upon the two sides of the altar to lift up it.

두어져야 한다, 그 기둥들이 고리들에. 그리고 기둥들이 양 면의 제단에 있어야 한다, 들 수 있도록, 그것을.

	1	2
A		
B		

Exodus 27:8.

8
To be hollowed out the boards you shall make it.
8
Like it has been shown to you in the mountain, thus you shall make them.

속이 비게 널판들로 너는 그것을 만들어야 한다. 그것을 네게 보인대로, 산에서, 그대로 너는 그것들을 만들어야 한다.

	1	2
A		
B		

Exodus 27:9-11. You Shall Make a Courtyard for the Tabernacle

Exodus 27:9.

9
"You shall make a courtyard of the tabernacle.
9
For the side of southern area hangings for the courtyard
linen twisted hundred in the cubit length for the side of
one.

너는 만들어야 한다, 뜰을, 성막의. 남쪽 면을 위하여 포장들을
뜰을 위해, 세마포를, 꼰. 백 규빗이다, 길이는, 하나의 면마다.

	1	2
A		
B		

Exodus 27:10.

10
His posts are twenty and their bases are twenty in bronze,
10
and the hooks of the posts and their fillets are of silver.

그의 기둥들은 스무 개, 그리고 그들의 받침들은 스무 개로 놋이다.
그리고 갈고리들은, 기둥들의, 그리고 그들의 살들은 은이다.

	1	2
A		
B		

Exodus 27:11.

11
Thus the side of the north in the length curtains a
hundred of his pillar twenty,
11
and their bases are twenty of bronze,
11
and the hooks of the poles and their fillets are of silver.

그러므로 북쪽 면은 길이가 커튼들이 백, 그의 기둥이 스무 개다.
그리고 그들의 받침들은 스무 개로 청동이다. 그리고 갈고리들과
기둥들의, 그리고 그들의 살들은 은이다.

	1	2
A		
B		

Exodus 27:12-15. The Breadth of the Courtyard to the Side of the West

Exodus 27:12.

12
"The breadth of the courtyard to the side of the west shall
be curtains of fifty cubit,
12
their pillars shall be ten,
12
and their bases shall be ten.

너비는 그 뜰의, 그 면으로, 서쪽으로, 쉰 규빗 커튼 규모다. 그들의
기둥들은 열 개다. 그들의 받침들은 열 개다.

	1	2
A		
B		

Exodus 27:13.

13
The breadth of the courtyard of the side of the east,
toward the sunrise, shall be fifty cubit.

너비는, 그 뜰의, 그 면의 동쪽의--해 뜨는 쪽--쉰 규빗이다.

	1	2
A		
B		

Exodus 27:14.

14
Fifteen cubit shall be the curtains to the side.
14
Their pillars shall be three. And their bases shall be three.

십 오 규빗이다, 커튼들은, 그쪽 면의. 그들의 기둥들은 셋이다.
그들의 받침들은 셋이다.

	1	2
A		
B		

Exodus 27:15.

15
And the side of the second shall be fifteen curtains.
15
Their pillars shall be three. And their bases shall be three.

그리고 그 사면은--두 번째의--열다섯 개 커튼들이다. 그들의
기둥들은 셋이다. 그리고 그들의 받침들은 셋이다.

	1	2
A		
B		

Exodus 27:16-19. For the Entrance to the Courtyard

Exodus 27:16.

16
"For the entrance to the courtyard, a covering shall be
twenty cubit of purple wool, red purple, worm-scarlet of
crimson, and linen twisted, work of being variegated.
16
Their pillars shall be four. And their bases shall be four.

출입문을 위해서, 뜰의, 덮개가 스무 규빗이어야 한다. 자줏빛 양털,
붉은 자줏빛, 진홍벌레 진홍, 그리고 세마포를 꼬아서, 정교한
작업으로. 그들의 기둥들은 넷이다. 그리고 그들의 받침들은
넷이다.

	1	2
A		
B		

Exodus 27:17.

17
All the pillars of the courtyard all around are to be
fastened by silver. And their hooks are silver.
17
And their bases are bronze.

모든 기둥들은, 뜰의--사방의--감싸야 한다 은으로. 그리고 그들의
고리들은 은이다. 그리고 그들의 받침들은 놋이다.

	1	2
A		
B		

Exodus 27:18.

18
The length of the courtyard shall be a hundred cubit.
18
And the breath shall be fifty in fifty.
18
And the height shall be five cubits.
18
And the linen twisted. Their bases shall be bronze.

길이는--뜰의--백 규빗이다. 너비는 오십, 오십이다. 그리고 높이는
다섯 규빗들이다. 그리고 세마포, 꼰. 그들의 받침은 놋이다.

	1	2
A		
B		

Exodus 27:19.

19
All the articles of the tabernacle in all the service, in all
his pins and all the pins of the courtyard shall be bronze.

모든 기구들은--성막의--모든 섬김에서, 모든 그의 핀들과 모든
뜰의 핀들은 놋이어야 한다.

	1	2
A		
B		

Exodus 27:20-21. Oil for the Lampstand

Exodus 27:20.

20
"You shall command the sons of Israel,
29
and they shall bring you oil of olives pure beaten for the
luminary place to bring up the lamp continually.

너는 명령해야 한다, 아들에게, 이스라엘의, 그래서 그들이
가져와야 한다, 너에게, 깨끗한 기름을, 올리브의, 짜낸, 등잔을
위하여, 올리도록, 등불을, 계속해서.

	1	2
A		
B		

Exodus 27:21.

21
In the tent of meeting, from outside of the curtain that
upon the testimony,
21
he shall set in order it, Aaron and his sons, from evening
to morning to the face of YHWH.
21
It is the statute everlasting for their generations from the
sons of Israel.

회막에서 바깥에서부터 커튼의, 증거궤 앞에서, 보살피게 하라
아론과 그의 아들들이 저녁부터 아침까지, 그 얼굴 앞에서,
여호와님의. 이것은 규례다 영원한 그들의 세대들의, 아들들로부터,
이스라엘의.

	1	2
A		
B		

Exodus 28

Exodus 28:1-5. The Priestly Garments

Exodus 28:1.

1
"You, you shall bring near to you Aaron your brother and
his sons with him from the midst of the sons of the Israel,
to act as priest for me, Aaron, Nadab and Abihu, Eleazar
and Ithamar, sons of Aaron.

너, 너는 데려와야 한다, 네 가까이, 아론, 너의 형과 그의 아들들을
그와 함께, 이스라엘의 아들들 중에서, 제사장 노릇 하도록, 나를
위하여, 아론, 나답, 그리고 아비후, 엘리에셀, 그리고 이다말, 곧
아들들을, 아론의.

	1	2
A		
B		

Exodus 28:2.

2
You shall make garments of holiness for Aaron your
brother, for glory and for beauty.

너는 만들어야 한다, 겉옷을, 거룩함의, 아론을 위하여, 너의 형,
영광으로, 아름다움으로.

	1	2
A		
B		

Exodus 28:3.

3
You, you shall tell all the wise ones of the heart whom I
fill the spirit of wisdom,
3
and they will make the garments of Aaron to consecrate to
act priest for me.

너, 너는 이야기해야 한다, 모든 지혜로운 자들에게, 마음이, 내가
채우는 지혜의 영을. 그러면 그들이 만들 것 이다, 겉옷들을,
아론의, 거룩하게 하여 제사장 노릇을 하도록, 나를 위하여.

	1	2
A		
B		

Exodus 28:4.

4

These are the garments that they are to make: a
breastpiece, and an ephod, and a robe, and a tunic a
checkered work, a turban and a girdle.

4

They are to make the garments of holiness for Aaron your
brother and his sons, to act as priest for me.

이것들은 겉옷들이다, 그들이 만들어야 할: 흉패, 그리고 에봇,
그리고 예복, 그리고 튜닉 그리고 끈. 그들이 만들어야 한다,
겉옷들을, 거룩함의, 아론을 위하여, 너의 형, 그리고 그의
아들들을, 제사장 노릇을 하도록, 나를 위하여.

	1	2
A		
B		

Exodus 28:5.

5
And they, they shall take gold, and purple wool, and the
red-purple, and the worm-scarlet of scarlet, and the linen.

그리고 그들은, 그들은 취해야 한다, 금, 그리고 자줏빛 양털, 붉은
자줏빛, 진홍벌레 진홍, 그리고 세마포.

	1	2
A		
B		

Exodus 28:6-8. The Ephod

Exodus 28:6.

6
"They shall make the ephod of gold, the purple wool, the
red-purple, worm-scarlet of scarlet, and the linen, twisted:
the work of skill.

그리고 그들은 만들어야 한다, 에봇을, 금으로, 그리고 자줏빛 양털,
붉은 자줏빛, 진홍벌레 진홍, 그리고 세마포, 꼰: 작업, 기술의.

	1	2
A		
B		

Exodus 28:7.

7
Two shoulders are being united,
7
and it shall be for him two of his ends, it is united.

두 개의 어깨들이 연결되어야 한다. 그리고 그것이 그를 위해 두
개다, 그의 두 끝들의. 그것은 하나가 된다.

	1	2
A		
B		

Exodus 28:8.

8
The girdle of his ephod that is upon him like his work
from him,
8
it will be gold, purple wool, red-purple, worm scarlet of
scarlet, and linen twisted.

끈은--그의 에봇의--그의 위에 있다, 그가 스스로 제작한 것처럼.
그것은 금, 자줏빛 양털, 붉은 자줏빛, 진홍벌레 진홍, 그리고
세마포, 꼰.

	1	2
A		
B		

Exodus 28:9-12. You Shall Take Two Stones of Onyx

Exodus 28:9.

9
"You shall take two stones of onyx.
9
And you shall engrave on them the names of the sons of Israel.

너는 취해야 한다, 두 개의 돌들을, 호마노. 그리고 너는 새겨야 한다, 그들 위에, 이름들을, 아들들의, 이스라엘의.

	1	2
A		
B		

Exodus 28:10.

10
Six from their names upon the stone the one, and the
names of the six who are remaining are upon the stone the
second like their generations.

여섯은 그들의 이름들로부터, 그 돌 위에, 첫 번째. 그리고 그
이름들은 여섯의, 남은, 그 돌 위에, 두 번째, 그들의 세대들처럼.

	1	2
A		
B		

Exodus 28:11.

11
The work of craftsman, stone of engraving signet ring, you
shall engrave the two stones upon the names of the sons
of Israel being turned, settings of gold, you shall make
them.

세공업자의 일로, 돌을, 새기는 고리들을, 너는 새겨야 한다, 그 두
개의 돌에, 이름들을, 이스라엘의 아들들의, 돌려지게, 금으로
세팅하여, 너는 그들을 만들어야 한다.

	1	2
A		
B		

Exodus 28:12.

12
And you shall put two stones upon the shoulders of the
ephod, stones of memorial, for the sons of Israel.
12
And Aaron shall lift their names to the faces of YHWH
upon his two shoulders for remembrance.

그리고 너는 두어야 한다, 두 개의 돌들을 어깨들 위에, 그 에봇의,
돌들을, 기억의. 아들들을 위해서. 이스라엘의. 그리고 아론은
들어야 한다, 그들의 이름들을 얼굴들 앞에, 여호와님의 , 그의 두
어깨들 위에, 기억을 위해서.

	1	2
A		
B		

Exodus 28:13-14. Settings of Gold

Exodus 28:13.

13
You shall make settings of gold.

너는 만들어야 한다, 셋팅들을, 금의.

	1	2
A		
B		

Exodus 28:14.

14
Two chains of gold pure hammered chains, you shall make them, a work of a cord.
14
And you shall give the chains of the cords upon the settings.

두 개의 사슬들을, 금의, 순전한, 망치질 한 사슬들을, 너는 그들을 만들어야 한다. 끈의 일로. 그리고 너는 주어야 한다, 그 사슬들을, 끈들의, 그 셋팅들 위에.

	1	2
A		
B		

Exodus 28:15-21. You Shall Make a Breastpiece of Judgment

Exodus 28:15.

15
"You shall make a breastpiece of judgment, a work of skill.
15
Like the work of ephod you shall make it of gold, purple
wool, and red purple, and worm-scarlet of scarlet, and
linen twisted.
15
You shall make it.

너는 만들어야 한다, 흉패를, 판단의, 작업으로, 기술의. 작업처럼,
에봇의, 너는 그것을 만들어야 한다, 금으로, 자줏빛 양털, 붉은
자줏빛, 진홍벌레 진홍, 그리고 세마포, 꼰. 너는 그것을 만들어야
한다.

	1	2
A		
B		

Exodus 28:16.

16
Being square, it shall be, to be doubled, a span its length,
and a span, its width.

네모져야 한다, 그것은, 두 겹으로. 한 뼘이 길이고, 한 뼘이
너비다.

	1	2
A		
B		

Exodus 28:17.

17
Then you shall fill in it a setting of a stone of four rows, a stone of row of camelian, topaz, and emerald, the row the one.

그리고 너는 채워야 한다, 그것에, 셋팅을, 돌의, 네 줄의: 홍보석, 황옥, 녹주옥, 첫째 줄에.

	1	2
A		
B		

Exodus 28:18.

18
The row the second shall be turquoise, lapis lazuli and emerald.

그 줄은, 두 번째, 석류석, 남보석, 홍마노.

	1	2
A		
B		

Exodus 28:19.

19
The row the third shall be jacinth, agate and amethyst.

그 줄은, 세 번째, 호박, 백마노, 자수정.

	1	2
A		
B		

Exodus 28:20.

20

The row the fourth shall be topaz, onyx and jasper.
Interwoven of gold. They shall be setting of jewel.

그 줄은, 네 번째, 녹보석, 호마노, 벽옥. 물려진 것, 금으로. 그들은
세팅이다, 보석의.

	1	2
A		
B		

Exodus 28:21.

21
The stones shall be upon the names of the sons of Israel,
twelve, upon their names, engraving of signets, each man
upon his name, they shall be twelve tribe.

그 돌들은 그 위에, 이름들의, 아들들의, 이스라엘의. 열 두, 그들의
이름들 위에, 새김으로 고리들에, 각 사람을 그의 이름 위에,
그들은 열 두 지파다.

	1	2
A		
B		

Exodus 28:22-28. You Shall Make Upon the Breastpiece the Chains

Exodus 28:22.

22
"You shall make upon the breastpiece the chains, twisting work of rope of gold, pure.

너는 만들어야 한다, 흉패 위에, 사슬들을, 꼰 작업의 끈을, 금으로, 순전한.

	1	2
A		
B		

Exodus 28:23.

23
You shall make upon the breastpiece two signet rings gold.
23
You shall put the two signet rings upon the two borders of
the breastpiece.

너는 만들어야 한다, 그 흉패 위에 두 고리들을, 금으로. 너는
두어야 한다, 두 고리들을 두 경계선들에, 그 흉패의.

	1	2
A		
B		

Exodus 28:24.

24
You shall give the two cords, the gold, upon the two signet rings to the borders of the breastpiece.

너는 주어야 한다, 두 끈들을, 금의, 두 개 고리들 위에, 경계들의, 흉패의.

	1	2
A		
B		

Exodus 28:25.

25
And the two borders of the cords, you shall give upon
settings.
25
And you shall give upon the shoulders of the ephod, to the
front of his faces.

그리고 그 두 경계들을, 끈들의, 너는 두어야 한다, 셋팅들 위에.
그리고 너는 주어야 한다, 어깨들 위에, 에봇의, 앞에 그의
얼굴들의.

	1	2
A		
B		

Exodus 28:26.

26
You shall make two signet rings of gold.
26
And you shall put them upon the two borders of the
breastpiece upon the edges that is to the side of the ephod
in the house.

너는 만들어야 한다, 두 고리들을, 금으로. 그리고 너는 두어야
한다, 그것들을, 두 경계들에, 흉패의, 면들에, 에봇의 곁에, 그
집에.

	1	2
A		
B		

Exodus 28:27.

27
You shall make two signet rings of gold.
27
And you shall put them upon the two shoulders of the
ephod from downwards, from front of his faces, just like
his joining from above for the girdle of the ephod.

너는 만들어야 한다, 두 고리들을, 금으로. 그리고 너는 두어야
한다, 그것들을, 두 어깨들 위에, 에봇의, 위에서 아래로, 그의
얼굴들 앞에서부터. 그의 연결처럼, 위로부터, 끈을 위해, 에봇의.

	1	2
A		
B		

Exodus 28:28.

28
They shall bind the breastpiece from his signet rings to the
signet ring of the ephod in the in the cord of purple wool
to be upon the girdle of the ephod.
28
And not to be removed the breastpiece from upon the
ephod.

그들은 묶어야 한다, 흉패를 그의 고리들로부터, 고리로, 에봇의, 그
끈으로, 자줏빛 양털로, 끈들 위에, 에봇의. 그리고 제거되어서는 안
된다, 그 흉패가, 에봇으로부터.

	1	2
A		
B		

Exodus 28:29-30. And Shall Carry Aaron the Names of the Sons of Israel in the Breastpiece of the Judgment

Exodus 28:29.

29
"And shall carry Aaron the names of the sons of Israel in the breastpiece of the judgment upon his heart in entering to the holiness for the memorial to the faces of YHWH continually.

그리고 운반해야 한다, 아론이 그 이름들을, 아들들의, 이스라엘의, 그 흉패에, 판결의, 그의 가슴에, 들어갈 때 성소에, 기억을 위해, 얼굴들 앞에, 여호님의, 계속하여.

	1	2
A		
B		

Exodus 28:30.

30
And you shall give to the breastpiece of the judgment the
Urim and the Thummim.
30
And they shall be over the heart of Aaron when he goes in
to the faces of YHWH.
30
And will lift Aaron the judgment the sons of Israel upon his
heart to the faces of YHWH continually.

그리고 너는 주어야 한다, 흉패에, 판결의, 우림과 둠밈을. 그리고
그들이 위에 있어야 한다, 아론의, 그가 갈 때, 그 얼굴들 앞에
여호와님의. 그리고 운반할 것이다, 아론이 그 판결을 아들들에게,
이스라엘의, 그의 가슴에, 얼굴들 앞에, 여호와님의, 계속하여.

	1	2
A		
B		

Exodus 28:31-35. You Shall Make the Robe of the Ephod

Exodus 28:31.

31
"You shall make the robe of the ephod entirely of purple
wool.

너는 만들어야 한다, 겉옷을, 에봇의, 전적으로 자줏빛 양털로.

	1	2
A		
B		

Exodus 28:32.

32
It will be a mouth of his head in the middle of it.
32
The lip will be for his mouth all around a work of weaving
like a mouth of cuirass shall be for it, not to be spilt.

그것은 입과 같아야 한다, 그의 머리의, 그 한 가운데. 그 입술이
그의 입 사방에 짜라, 입처럼, 갑옷의. 찢어지지 않도록.

	1	2
A		
B		

Exodus 28:33.

33
You shall make upon his skirts pomegranates of purple
wool, red-purple, and worm-scarlet of scarlet upon his
skirts all around with bells of gold in their midst all
around.

너는 만들어야 한다, 그의 스커트들 위에 석류들을, 자줏빛 양털로,
붉은 자줏빛, 그리고 진홍벌레 진홍, 그의 스커트들 위에, 사방에,
종들과 함께, 금의, 그들 중에, 빙 둘러서.

	1	2
A		
B		

Exodus 28:34.

34
The bell of gold and the pomegranates, bell of gold and
pomegranates upon the skirts of the robe all around.

종, 금의, 그리고 석류들, 종, 금의, 그리고 석류들, 스커트들 위에,
겉옷의, 사방에.

	1	2
A		
B		

Exodus 28:35.

35
It shall be upon Aaron to minister and to be heard his
voice, when he was coming in to the holiness to the faces
of YHWH. When he goes out, and he shall not die.

그것은 있어야 한다, 아론 위에, 목양하도록, 그리고 들리도록, 그의
목소리가, 그가 들어갈 때, 성소로, 그 얼굴들로, 여호와님의. 그가
나갈 때, 그가 죽지 않을 것이다.

	1	2
A		
B		

Exodus 28:36. Holy to YHWH

36
"You shall make a flower of gold pure.
36
And you shall engrave upon it engraving of signet ring:
36
Holy to YHWH.

너는 만들어야 한다, 꽃을, 순금의. 그리고 너는 새겨야 한다, 그 위에, 고리를 새길 때처럼: 거룩, 여호와님께.

	1	2
A		
B		

Exodus 28:37-38. You Shall Put It Upon the Cord Purple Wool

Exodus 28:37.

37
You shall put it upon the cord purple wool.
37
And it will be upon the headband to the front of faces of
the headband it shall be.

너는 두어야 한다, 그것을, 끈 위에, 자줏빛 양털의. 그리고 그것은
있어야 한다, 머리 두건 위에, 얼굴들 앞에, 머리두건의, 두어야
한다.

	1	2
A		
B		

Exodus 28:38.

38
It will be upon the forehead of Aaron.
38
And will bear Aaron the iniquity to the holiness that they
consecrate the sons of Israel for all the gifts of their
holiness.
38
And it shall be upon his forehead continually for the favor
for them to the faces of YHWH.

그것은 위에 있을 것이다, 앞이마에, 아론의. 그리고 운반할 것이다,
아론이, 죄악을, 성소로. 그들이 거룩하게 할 것이다, 아들들을,
이스라엘의. 모든 예물들을 위해, 그들의 거룩한. 그리고 그것은
위에 있을 것이다, 그의 앞이마에 계속해서, 그들의 은혜를 위해,
얼굴들 앞에, 여호와님의.

	1	2
A		
B		

Exodus 28:39-41. You Shall Weave the Tunic of Linen

Exodus 28:39.

39
"You shall weave the tunic of linen.
39
And you shall make the turban of linen.
39
And the girdle you shall make the work of being woven.

너는 짜야한다, 속옷을 세마포로. 그리고 느는 만들어야 한다,
터번을 세마포로. 그리고 끈을 너는 만들어야 한다, 수를 놓아.

	1	2
A		
B		

Exodus 28:40.

40
And for the sons of Aaron you shall make tunics.
40
And you shall make for them girdles and headbands.
40
And you shall make for them for honor and for beauty.

그리고 아들들을 위해서, 아론의, 너는 만들어야 한다, 속옷을.
그리고 너는 만들어야 한다, 그들을 위해서, 끈들과 머리띠들을.
그리고 너는 만들어야 한다, 그들을 위해서, 명예를 위하여,
아름다움을 위하여.

	1	2
A		
B		

Exodus 28:41.

41
You shall clothe them Aaron your brother and his sons
with him.
41
And you shall anoint them.
41
And you shall fill their hand and you shall consecrate
them,
41
and they shall act as priest for me.

너는 입혀야 한다, 그들을, 아론 너의 형과 그의 아들들을 그와
함께. 그리고 너는 기름 부어야 한다, 그들을. 그리고 너는 채워야
한다, 그들의 손을. 그리고 너는 거룩하게 해야 한다, 그들을.
그리고 그들은 제사장 노릇을 할 것이다, 나를 위하여.

	1	2
A		
B		

Exodus 28:42-43. You Shall Make for Them Undergarments Linen

Exodus 28:42.

42
"You shall make for them undergarments linen to cover
flesh nakedness from the loins to the thighs they shall be.

너는 만들어야 한다, 그들을 위하여, 속저고리를, 세마포로, 가리기
위해 몸을, 벌거벗음을. 허리들로부터 허벅지까지, 그들은 되어야
한다.

	1	2
A		
B		

Exodus 28:43.

43a
They shall be upon Aaron and his sons,
43
when they come in to the tent of meeting,
43
or when they draw near to the altar to minister in the
holiness.

그들은 위에 있어야 한다, 아론과 그의 아들들의, 그들이 들어갈
때, 회막에. 혹은 그들이 접근할 때, 제단에, 목양하기 위해
성소에서.

43
And they shall not carry iniquity,
43
and they shall not die.

그리고 그들은 운반하지 말아야 한다, 죄악을, 그래서 그들이 죽지
않을 것이다.

43
It is the statue of eternity for him and his offspring after
him.

이는 영원한 법령이다. 그를 위해, 그리고 그의 후손을, 그의 뒤에.

	1	2
A		
B		

Exodus 29

Consecration of the Priests

Exodus 29:1-9. This is the Thing That You Shall Do For Them to Consecrate Them to Act as Priest for Me

Exodus 29:1.

1
"This is the thing that you shall do for them to consecrate
them to act as priest for me:
1
You shall take a young bull one son of cattle and two rams
complete ones.

이것은 그 일이다, 네가 해야 할, 그들을 위하여, 그들을 거룩하게
하여, 제사장 노릇을 하게 할, 나를 위하여: 너는 취해야 한다, 어린
소를, 한 아들을, 떼 중에서. 그리고 두 숫양들을, 순전한 것들로.

	1	2
A		
B		

Exodus 29:2.

2
And the bread unleavened one and the cake unleavened
one mixed with oil, and thin cake unleavened one anointed
with oil, fine flour of wheat, you shall make them.

그리고 무교병과 무교전병과--기름에 섞은--얇은
무교전병을--기름을 칠한--부드러운 가루로--밀의--너는 만들라,
그것들을.

	1	2
A		
B		

Exodus 29:3.

3
You shall give them upon basket one.
3
And you shall bring near them in the basket with the
young bull and the two rams.

너는 주어야 한다, 그들을, 바구니 하나에. 그리고 너는 가져가야
한다, 그것들을 그 바구니에, 어린 송아지와 두 수양들과 함께.

	1	2
A		
B		

Exodus 29:4.

4
Then Aaron and his sons you shall bring near to the entrance of the tent of meeting.
4
And you shall wash them in the waters.

그리고 아론과 그의 아들들을 너는 데려가야 한다, 입구로, 회막의.
그리고 너는 씻어야 한다, 그들을, 물로.

	1	2
A		
B		

Exodus 29:5.

5
Then you shall take the garments, and you shall clothe
Aaron with the tunic, and the robe of the ephod, the
ephod, and the breastpiece.
5
You shall fasten the ephod on him by the girdle of the
ephod.

그리고 너는 취하라, 겉옷들을, 그리고 너는 입혀라 아론에게,
속옷과, 안저고리를, 에봇의, 그리고 에봇을, 그리고 흉패를. 너는
잡아매라 에봇을, 그의 위에, 끈으로, 에봇의.

	1	2
A		
B		

Exodus 29:6.

6
You shall put the headband upon his head.
6
And you shall give the crown holy upon the headband.

너는 두어야 한다, 머리띠를, 그의 머리 위에. 그리고 너는 주어야
한다 관을-- 거룩한--그의 머리띠 위에.

	1	2
A		
B		

Exodus 29:7.

7
You shall take the oil anointing.
7
And you shall pour upon his head. And you shall anoint him.

너는 취해야 한다, 기름을, 부을. 그리고 너는 부어야 한다, 그의 머리 위에. 그리고 너는 기름 부어야 한다, 그를.

	1	2
A		
B		

Exodus 29:8.

8
His sons you shall bring near.
8
And you shall clothe with tunic.

그의 아들들을 너는 데려와야 한다. 그리고 너는 입혀야 한다, 속
저고리를.

	1	2
A		
B		

Exodus 29:9.

9
And you shall gird them a girdle, Aaron and his sons.
9
And you shall bind them headband.
9
And shall be for them the priesthood for a statute everlasting.
9
You shall fill the hand of Aaron and hand of his sons.

그리고 너는 졸라매라 그들을, 끈으로, 아론과 그의 아들들을.
그리고 너는 묶으라 그들을, 머리띠를. 그러면 될 것이다, 그들을
위하여, 제사장직이, 규례로써, 영원한. 너는 채우라 그 손을,
아론의, 그리고 그 손을, 그의 아들들의.

	1	2
A		
B		

Exodus 29:10-14. You Shall Bring Near the Young Bull to the Tent of Meeting

Exodus 29:10.

10
"You shall bring near the young bull to the faces of the
tent of meeting.
10
And shall lean Aaron and his sons their hands upon the
head of the young bull.

너는 데려와야 한다, 어린 수소를 얼굴들 앞에, 회막의. 그리고
기대야 한다, 아론과 그의 아들들이, 그들의 손들을, 그 머리 위에,
어린 수소의.

	1	2
A		
B		

Exodus 29:11.

11
You shall slaughter the young bull to the faces of YHWH,
at the entrance of the tent of meeting.

너는 잡아야 한다, 그 어린 수소를, 얼굴들 앞에서, 여호와님의, 문
앞에서, 회막의.

	1	2
A		
B		

Exodus 29:12.

12
You shall take from the blood of the young bull.
12
And you shall give upon the horns of the altar with your finger.
12
And all the blood you shall pour to the base of the altar.

너는 취해야 한다, 피로부터, 그 어린 수소의. 그리고 너는 주어야 한다 뿔들 위에, 제단의, 너의 손가락으로. 그리고 모든 피를 너는 부어야 한다, 받침에, 제단의.

	1	2
A		
B		

Exodus 29:13.

13
Then you shall take all the fat covering the inward parts,
and the appendage upon the liver, and the two kidneys.
13
And the fat that is on them, you shall burn on the altar.

그리고 너는 취해야 한다, 모든 기름을, 덮고 있는, 내장을. 그리고
부가물을, 간 위의. 그리고 두 콩팥들을. 그리고 기름을, 그들 위에
있는, 너는 태워야 한다, 제단에.

	1	2
A		
B		

Exodus 29:14.

14
The flesh of the young bull and his skin and his dung you
shall burn by fire from outside of the camp.
14
Sin offering it is.

살을, 그 어린 수소의, 그리고 그의 피부를, 그리고 그의 똥을, 너는
태워야 한다, 불로, 바깥에서, 진의. 속죄제다, 그것이.

	1	2
A		
B		

Exodus 29:15-18. The Ram the One You Shall Take

Exodus 29:15.

15
"The ram the one you shall take.
15
And shall lean Aaron and his sons their hands upon the
head of the ram.

수양 한 마리를 너는 취하라. 그리고 놓으라 아론과 그의 아들들이
그들의 손들을 그 머리 위에, 그 수양의.

	1	2
A		
B		

Exodus 29:16.

16
You shall slaughter the ram, and you shall take his blood.
16
And you shall splash upon the altar all around.

너는 잡으라, 그 수양을. 그리고 너는 그의 취하라, 그의 피를.
그리고 너는 뿌리라, 제단 위에, 사방에.

	1	2
A		
B		

Exodus 29:17.

17a
The ram you shall cut according to his pieces.
그 수양을 너는 잘라야 한다, 그의 조각들을 따라.
17b
And you shall wash his inward part and his lower legs.
그리고 너는 씻어야 한다, 그의 내장을, 그리고 그의 아래
다리들을.
17c
And you shall give upon his pieces and upon his head.

그리고 너는 주어야 한다, 그의 조각들 위에, 그리고 그의 머리
위에.

	1	2
A		
B		

Exodus 29:18.

18
Then you shall sacrifice all the ram on the altar. The
Burnt offering it is to YHWH, a smell pleasing, offering by
fire to YHWH it is.

그리고 너는 희생제사해야 한다, 모든 그 수양을 제단 위에.
번제다, 그것은 여호와님께, 냄새다, 좋은. 화제로, 여호와님께,
그것은.

	1	2
A		
B		

Exodus 29:19-21. You Shall Take the Ram the Second

Exodus 29:19.

19
"You shall take the ram the second. And shall lean Aaron
and his sons their hands upon the head of the ram.

너는 취해야 한다, 그 수양을, 두 번째. 그리고 기대야 한다, 아론과
그의 아들들이, 그들의 손들을, 위에, 머리의, 그 수양의.

	1	2
A		
B		

Exodus 29:20.

20a
You shall slaughter the ram, and you shall take his blood,
20
and you shall give upon the earlobe of the ear of Aaron,
and upon the earlobe of the ear of his sons, and the right
hand upon the thumb of their hand in the right hand, and
upon the thumb of their foot, the righthand.
20
And you shall splash the blood upon the altar all around.

너는 희생제사 해야 한다, 그 수양을. 그리고 너는 취해야 한다,
그의 피를. 그리고 너는 주어야 한다, 위에, 볼에, 귀의, 아론의.
그리고 볼에, 귀의, 그의 아들들의, 기르고 오른손에, 엄지에,
그들의 손의, 오른쪽. 그리고 엄지에, 그들의 발의, 오른쪽. 그리고
너는 뿌려야 한다, 피를 제단 위에, 사방에.

	1	2
A		
B		

Exodus 29:21.

21
And you shall take from the blood that is upon the altar, and from the oil anointing.
그리고 너는 취해야 한다, 그 피로부터, 제단에 있는, 그리고 기름, 붓는·
21
And you shall sprinkle upon Aaron and his garments, and upon the garments of his sons with him.
그리고 너는 뿌려야 한다, 아론과 그의 겉옷들에, 그리고 그 겉옷들에, 그의 아들들의, 그와 함께.
21
Then will be holy he and his garments, and his sons and the garments of his sons with him.
그러면 거룩하게 될 것이다, 그와 그의 겉옷들이, 그리고 그의 아들들과 그 겉옷들이, 그의 아들들의, 그와 함께.

	1	2
A		
B		

Exodus 29:22-26. You Shall Take from the Ram the Fat

Exodus 29:22.

22
"You shall take from the ram the fat, and the fat tail, and
the fat covering the internal parts, and the appendage of
the liver, and the two kidneys, and the fat that is upon
them, and the leg of the righthand,
22
because the ram of consecration he is.

너는 취해야 한다, 그 수양으로부터, 기름을, 그리고 기름을,
꼬리의, 그리고 기름을, 덮고 있는 내장을, 그리고 부가물의, 간의,
그리고 두 콩팥들의, 그리고 기름을, 그들 위에 있는, 그리고
다리의, 오른쪽의, 왜냐하면 수양이기 때문이다, 성별의, 그는.

	1	2
A		
B		

Exodus 29:23.

23
A loaf of the bread the one, and the cake bread oil the
one, and the thin cake the one basket the unleavened one
that is to the faces of YHWH.

한 덩어리의 빵, 하나, 그리고 전병, 기름의, 하나, 그리고 얇은
전병 하나, 광주리에, 무교병의, 곧 얼굴들 앞에 있는, 여호와님의.

	1	2
A		
B		

Exodus 29:24.

24a
You shall put all upon the palms of Aaron and upon the palms of his sons.
너는 두어야 한다, 손바닥들 위에 아론의, 그리고 손바닥들 위에,
그의 아들들의.
24b
And you shall wave them, a waving offering, to the faces of YHWH.
그리고 너는 흔들어야 한다, 그것들을, 흔드는 제사다, 그 얼굴들
앞에, 여호와님의.

	1	2
A		
B		

Exodus 29:25.

25
Then you shall take them from their hand.
25
And you shall make sacrifices them on the altar along with
the burnt offering for a smell pleasing to the faces of
YHWH.
25
An offering by fire, it is to YHWH.

그리고 너는 취해야 한다, 그들을, 그들의 손에서. 그리고 너는
희생제사 드려야 한다, 그들을, 제단 위에, 번제로, 냄새로, 좋은,
그 얼굴 앞에, 여호와님의. 화제다, 그것은, 여호와님께.

	1	2
A		
B		

Exodus 29:26.

26
And you shall take the breast from the ram of ordination
that is for Aaron.
26
And you shall swing it as a wave offering to the faces of
YHWH.
26
And it will be for you for the portion.

그리고 너는 취해야 한다, 가슴을, 수양으로부터, 안수의, 곧 아론을
위한. 그리고 너는 그것을 흔들어야 한다, 거제로서, 얼굴들 앞에,
여호와님의. 그리고 그것은 너를 위하여 몫이다.

	1	2
A		
B		

Exodus 26:27-28. You Shall Consecrate the Breast of the Weaving Offering

Exodus 29:27.

27
"You shall consecrate the breast of the weaving offering
and the thigh of the contribution that are waved and that
taken away from the ram of the ordination from which for
Aaron and from which for his sons.

너는 거룩하게 하라, 가슴을, 요제의, 그리고 허벅지를, 예물의, 곧
흔든 것, 곧 떼어낸, 수양으로부터, 위임식의, 아론을 위한, 그리고
그의 아들들을 위한.

	1	2
A		
B		

Exodus 29:28.

28
It shall be for Aaron and his sons for the statute forever
from the sons of Israel, because offering is it offering shall
be from the sons of Israel from sacrifice of their shalom,
their offering for YHWH.

그것은 될 것이다, 아론과 그의 아들들을 위하여, 규례가, 영원한,
아들들로부터, 이스라엘의, 왜냐하면 예물이기 때문이다, 그것은
예물, 곧 아들들로부터, 이스라엘의, 제사 곧 그들의 샬롬의, 그들의
예물, 여호와님을 위한.

	1	2
A		
B		

Exodus 29:29-30. The Garments of Holiness

Exodus 29:29.

29
"The garments of holiness that are for Aaron shall be for
his sons after him to anointing in them and to fill in them
their hand.

겉옷들은, 거룩함의, 곧 아론을 위한, 될 것이다, 그의 아들들을
위한 것이, 그의 후에, 위임하기 위한, 그들을, 그리고 채우기 위한,
그들에게, 그들의 손을.

	1	2
A		
B		

Exodus 29:30.

30
Seven days shall clothe them the priest after him from his sons who comes in to the tent of meeting to minister in the holiness.

칠일 동안 입어야 한다, 그것들을, 그 제사장은, 그의 뒤 따르는, 그의 아들들 중에서, 곧 나오는 자는, 회막으로, 목회하기 위해, 성소에서.

	1	2
A		
B		

Exodus 29:31-34. The Ram of the Ordination You Shall
Take

Exodus 29:31.

31
"The ram of the ordination you shall take,
31
and you shall boil his flesh in the place of holiness.

그 수양을, 위임식의, 네가 취해야 한다. 그리고 네가 삶아야 한다,
그의 살을, 그 장소에서, 거룩한.

	1	2
A		
B		

Exodus 29:32.

32
Shall eat Aaron and his sons the flesh of the ram and the
bread that in the basket of the entrance to the tent of
meeting.

먹어야 한다, 아론과 그의 아들들은, 그 살을, 그 수양의, 그리고 그
빵을, 바구니에 있는, 입구의, 회막의.

	1	2
A		
B		

Exodus 29:33.

33
They shall eat them that is atoned for in them to fill their
hand to consecrate them, and the sojourning one shall not
eat because holy they are.

그들은 먹을 것이다, 그들을 속죄한 그들을 위해, 채우기 위해,
그들의 손을, 그들을 성화하기 위해. 그리고 이방인은 먹을 수
없다, 왜냐하면 거룩하기 때문이다, 그들은.

	1	2
A		
B		

Exodus 29:34.

34
And if left from flesh of the ordination, and from the bread
to the morning, and you shall burn what is left in fire, and
it shall not be eaten, because holy it is.

그리고 만일 남았다면, 살로부터, 위임식의, 그리고 그 빵으로부터,
아침까지, 그러면 너는 불살라야 한다, 남은 것을, 불로. 그리고
그것은 먹어서는 안 된다, 왜냐하면 거룩하기 때문이다, 그것은.

	1	2
A		
B		

Exodus 29:35-37. You Shall Do for Aaron and His Sons

Exodus 29:35.

35
"You shall do for Aaron and his sons thus like all that I
commanded you, seven days you shall fill their hand.

너는 실시해야 한다, 아론과 그의 아들들에게 그렇게, 모두 내가
네게 명령한 대로. 칠일 동안 너는 채워야 한다, 그들의 손을.

	1	2
A		
B		

Exodus 29:36.

36
The young bull as the sin offering you shall do to the day
upon the day of atonement.
36
And you shall purify upon the altar when you make
atonement upon it.
36
And you shall anoint him to consecrate him.

그 어린 수소, 속죄제로서, 너는 실시해야 한다, 그 날에, 속죄일에.
그리고 너는 정결하게 해야 한다, 제단 위에서, 네가 속죄할 때, 그
위에. 그리고 너는 그를 기름 부어야 한다, 거룩하게 하도록.

	1	2
A		
B		

Exodus 29:37.

37
For seven days you shall make atonement upon the altar.
And you shall consecrate it.
37
Then will be the altar holy of the holiness.
37
Each one that is touching in the altar shall be holy.

칠일 동안 너는 속죄해야 한다, 제단 위에. 그리고 너는 그것을
거룩하게 해야 한다. 그러면 제단은 가장 거룩할 것이다. 누구나
접촉하는 자는, 제단을, 거룩할 것이다.

	1	2
A		
B		

Exodus 29:38-41. Daily Burnt Offering

Exodus 29:38.

38
"This is what you shall do upon the altar the lambs sons
of a year two for the day continually.

이것이 네가 해야 할 일이다, 제단 위에, 일 년 된 양들, 둘, 매일,
계속해서.

	1	2
A		
B		

Exodus 29:39.

39
The lamb the one you shall do in the morning,
39
and the lamb the second you shall do between the
evenings.

그 양은, 첫 번째, 네가 실시해야 한다, 아치메. 그리고 그 양은, 두
번째, 네가 실시해야 한다, 사이에, 저녁들.

	1	2
A		
B		

Exodus 29:40.

40
The tenth part of the flour mixed with oil beaten
one-fourth hin, and drink offering of one-fourth hin of
wine, to the lamb the one.

십분의 일, 밀가루, 기름 섞은, 사분의 일 힌, 그리고 전제로 사분의
일 힌, 포도주를, 양 한 마리에게.

	1	2
A		
B		

Exodus 29:41.

41
The lamb the second you shall do between the evenings
like the offering of the morning, and like the drink offering
you shall do to her for the smell pleasing an offering by
fire to YHWH.

그 양을, 두 번째, 너는 실시해야 한다, 사이에, 저녁들, 예물처럼,
아침의, 그리고 전제처럼, 너는 실시해야 한다, 그녀에게, 냄새를
위하여, 좋은, 화제로, 여호와님께.

	1	2
A		
B		

Exodus 29:42-43. It is the Burnt Offering Continually to Your Generations

Exodus 29:42.

42a
"It is the burnt offering continually to your[3] generations, at
the entrance of the tent of meeting to the faces of YHWH.

그것은 번제다, 계속해서, 너의 세대들에게, 문 앞에서, 회막의,
얼굴들 앞에서, 여호와님의.

42b
That I will gather for you there to speak to you[4] there.

내가 모을 것이다, 너를 위하여, 거기서, 이야기하기 위해서,
너에게, 거기서.

	1	2
A		
B		

---

3) The second person is plural.
4) The second person is singular.

Exodus 29:43.

43
I will gather there for the sons of Israel.
43
And it5) will be consecrated by my glory.

내가 모을 것이다, 거기에, 아들들을 위해, 이스라엘의. 그리고
그것이 거룩하게 될 것이다, 내 영광으로써.

	1	2
A		
B		

---

5) Probably it is the tabernacle.

Exodus 29:44-45. And I Will Consecrate the Tent of Meeting

Exodus 29:44.

44
"And I will consecrate the tent of meeting, and the altar,
and Aaron, and his sons, to act as priest for me.

그리고 내가 거룩하게 하겠다, 회막을, 그리고 제단을, 그리고
아론을, 그리고 그의 아들들을, 제사장 노릇을 하도록, 나를 위하여.

	1	2
A		
B		

Exodus 29:45.

45a
Then I will dwell in the midst of the sons of Israel.

그리고 내가 거주할 것이다, 그 아들들 중에, 이스라엘의.

45b
And I will be for them for God.

그리고 내가 될 것이다, 그들을 위하여, 하나님이.

	1	2
A		
B		

Exodus 29:46. And They Will Know That I Am YHWH Their God

46a
And they will know that I am YHWH their God, who
brought them from Egypt so that I might dwell in the midst
of them.

그리고 그들이 알게 될 것이다, 내가 여호와, 그들의 하나님이라는
것을. 그가 이끌었다는 것을, 그들을, 애굽으로부터, 내가
거주하려고, 그들 중에.

46b
I am YHWH their God.

나는 여호와, 그들의 하나님이다.

	1	2
A		
B		

Reflections:
I Am

This is the very Warrant for all the Claims by Reason of C@E.

Claim		Reason
Obey		Remember
The Commands		C@E
	Warrant	
	I Am	

The very knowledge, YHWH is the God, is the very wisdom that the sons of Israel need to have.[6]

---

6) Job has this wisdom, to the sharp contrast to the three friends and Elihu who were of +C@-E.

Exodus 30

Exodus 30:1-5. You Shall Make An Altar of Burning Incense

Exodus 30:1.

1a
"You shall make an altar of burning incense.

너는 만들어야 한다, 제단을, 분향의.

1b
From tree of acacia you shall make it.

아카시아 나무로 너는 만들어야 한다, 그것을.

	1	2
A		
B		

Exodus 30:2.

2a

A cubit is its length, and a cubit is its width, been square
it shall be.

한 규빗이 그의 길이다. 그리고 한 규빗이 그의 너비다. 네모져야
한다,

2b

And two cubits are its height, from him are his horns.

그것은. 두 규빗이 그의 높이다. 그로부터 그의 뿔들이 있다.

	1	2
A		
B		

Exodus 30:3.

3a
You shall overlay it of gold pure his top, its sides all
around, and his horns.

너는 감싸야 한다, 그것을, 금으로, 순전한, 그의 꼭대기를, 그의
면들을 사방으로, 그리고 그의 뿔들을.

3b
And you shall make for it molding of gold all around.

그리고 너는 만들어야 한다, 그것을 위해서 쇠시리를, 금으로,
사방으로.

	1	2
A		
B		

Exodus 30:4.

4a
Two signet rings of gold you shall make for it from below
to its border upon its two sides.

두 고리들을, 금의, 너는 만들어야 한다, 그것을 위하여,
아래로부터, 그의 경계로, 그의 두 면 위로.

4b
You shall make upon the two its sides.

너는 만들어야 한다, 그 두 면들 위로.

4c
And it shall be houses for the polls to carry it in them.

그리고 그것은 꿰는 곳들이다, 기둥들을, 운반하기 위하여, 그것을,
그 안에서.

	1	2
A		
B		

Exodus 30:5.

5a
You shall make the poles by tree of acacia.

너는 만들어야 한다, 기둥들을, 나무로, 아카시아.

5b
And you shall overlay them with gold.

그리고 너는 감싸야 한다, 그들을 금으로.

	1	2
A		
B		

Exodus 30:6. I Will Gather to You There

6
You shall give it to the faces of the curtain that is upon
the ark of the testimony to the faces of the mercy seat
that is upon the testimony that I will gather to you there.

너는 주어야 한다, 그것을, 얼굴들 앞에, 그 커튼의, 곧 언약궤 위에
있는, 얼굴들 앞에 있는, 시은소의. 언약 위의. 내가 너를[7]
만나리라, 거기서.

	1	2
A		
B		

---

7) The second person is singular.

Exodus 30:7-10. Shall Make Sacrifice upon It Incense of Fragrant Perfume

Exodus 30:7.

7a

"Shall make sacrifice upon it incense of fragrant perfume
in the morning in the morning.

희생제사 드릴 것이다, 그 위에, 향기로운 향으로, 아침에, 아침에.

7b

In his doing well the lamps he shall make sacrifices.

손질할 때 등불을, 그가 희생제사를 드릴 것이다.

	1	2
A		
B		

Exodus 30:8.

8
When brings up Aaron the lamps between the evenings, he
shall make sacrifices incense continually to the faces of
YHWH for your generations.

가져갈 때, 아론이 등불들을 저녁들 사이에, 그는 희생제사를
드려야 한다, 향으로, 계속해서, 그 얼굴들 앞에, 여호와님의, 너의
세대들을 통해.

	1	2
A		
B		

Exodus 30:9.

9a
You[8]) shall not bring up upon it incense alien, or a burnt offering, and offering.

너희는 가져오지 말라, 그 위에, 향을, 이상한, 아니면 번제나 예물을.

9b
And drink offering you shall not pour out upon it.

전제를 너는 붓지 말라, 그 위에.

	1	2
A		
B		

---

8) The second person is plural.

Exodus 30:10.

10a
Shall atone Aaron upon its horns once a year. from blood
sin offering the atonement once a year, he shall atone
upon it for your generations.

속죄할 것이라, 아론이, 그의 **뿔들** 위에, 한 차례, 일 년에.
피로부터 속죄제를, 속죄의 한 차례, 일 년에, 그는 속죄할 것이라,
그것 위에, 너희 세대들을 위하여.

10b
The holiness of the holiness it is to YHWH."

지극히 거룩하다, 그것이, 여호와님께.

	1	2
A		
B		

Exodus 30:11. Then Spoke YHWH to Moses

11
Then spoke YHWH
       to Moses
       Saying:

그러자 이야기 하셨다, 여호와님께서
       모세에게
       말씀하시기를:

	1	2
A		
B		

Exodus 30:12-16. When You Carry the Head of the Sons of Israel

Exodus 30:12.

12
"When you carry the head of the sons of Israel to visit
them,
12
then they shall give each man a ransom of his nepesh to
YHWH in the visiting them,
12
there shall not be in them striking in visiting them.

네가 운반할 때, 머리를, 아들들의, 이스라엘의, 방문하러, 그들을,
그때 그들이 줄 것이다, 각자 속전을, 그의 네페쉬의, 여호와님께
그들을 방문할 때. 없을 것이다, 그들에게, 질병이, 그들을 방문할
때.

	1	2
A		
B		

Exodus 30:13.

13a
This they shall give each one who is crossing over the
ones visiting, half a shekel.

이것을 그들이 줄 것이다, 각자, 건너가는 자마다, 방문하는 자들이,
반 세겔을.

13b
(In the shekel of the holiness twenty gerah.)

(한 세겔은--거룩한--스무 게라다.)

13c
The shekel half of the shekel will be offering to YHWH.

그 반 세겔은 예물이다, 여호와님께.

	1	2
A		
B		

Exodus 30:14.

14
All who cross over, upon the ones visiting, from the son of twenty year and above, shall give offering to YHWH.

모든 건너가는 자마다, 방문하는 자들이, 스무 살이나 그 위는, 드려야 한다, 예물을, 여호와님께.

	1	2
A		
B		

Exodus 30:15.

15
The rich shall not to make many, and the poor shall not
make small, from half of the shekel to give the offering
YHWH to atone upon your nepeshes.

부자라고 더 내지 말고, 가난하다고 덜 내지 말라, 반
세겔에서부터, 드리는 데, 예물을 여호와님께, 속죄하기 위하여
너희의 네페쉬들을.

	1	2
A		
B		

Exodus 30:16.

16a
You shall take the silver of the atonement from the sons of Israel. And you shall give it upon the service of the tent of meeting.

너는 취해야 한다, 은을, 속죄의, 아들들로부터, 이스라엘의. 그리고 너는 주어야 한다, 그것을, 봉사에, 회막의.

16b
It will be for the sons of Israel for a remembrance to the faces of YHWH to atone upon your nepeshes."

그것은 아들들에게, 이스라엘의, 기억이 될 것이다, 얼굴들 앞에, 여호와님의, 속죄하는 데, 너희의 네페쉬들을.

	1	2
A		
B		

Exodus 30:17. Then Spoke YHWH to Moses

17
Then spoke YHWH
        to Moses
        saying:

그러자 이야기하셨다, 여호와님께서
        모세에게
        말씀하시기를:

	1	2
A		
B		

Exodus 30:18-21. You Shall Make a Basin of Bronze

18a
"You shall make a basin of bronze, and its stand of bronze, to wash.
너는 만들라, 물두멍을 놋으로, 그리고 그의 받침을 놋으로, 씻도록.
18b
You shall give it between the tent of meeting and between the altar.
너는 주어야 한다, 그것을, 회막과 제단 사이에.
18c
And you shall give there water.
그리고 너는 주어야 한다, 거기에 물을.

	1	2
A		
B		

Exodus 30:19.

19
Shall wash Aaron and his sons from it their hands and
their feet.

씻어야 한다, 아론과 그의 아들들이, 거기로부터, 그들의 손들과
그들의 발들을.

	1	2
A		
B		

Exodus 30:20.

20a
In entering to the tent of meeting, they shall wash with
water so that they will not die.

들어갈 때, 회막에, 그들은 씻어야 한다, 물로써, 그렇게 해서
그들이 죽지 않도록.

20b
Or, when they draw near to the altar to minister to make
sacrifices the offering by fire to YHWH

아니면, 그들이 가까이 갈 때, 제단에, 목회하러, 희생제사 하러,
화제를 여호와님께

	1	2
A		
B		

Exodus 30:21.

21a

they shall wash their hands and their feet so that they will
not die.

그들은 씻어야 한다, 그들의 손들과 그들의 발들을, 그렇게 해서
그들은 죽지 않을 것이다.

21b

Shall be for them a statue forever for him and for his
offspring to their generations."

그것은 그들을 위해서 규례가 될 것이다, 영원한, 그를 위해,
그리고 그의 자손을 위해, 그들의 세대들에게.

	1	2
A		
B		

Exodus 30:22. Then Spoke YHWH to Moses

22
Then spoke YHWH
        to Moses
        saying:

그러자 이야기하셨다, 여호와님께서
        모세에게
        말씀하시기를:

	1	2
A		
B		

Exodus 30:23-28. You, You Shall Take for You the Finest
Spices

Exodus 30:23.

23
"You,9) you shall take for you the finest spices, head of
myrrh oil, five hundred, and cinnamon balsam tree, half of
it, two hundred fifty reed of balsam tree two hundred fifty.

너는, 너는 취해야 한다, 너를 위하여, 최상의 향신료들을, 머리를
몰약 기름의 오백, 그리고 계피 복숭아 나무, 그 절반, 이백 오십
갈대 복숭아 나무 이백 오십.

	1	2
A		
B		

---

9) The second person is singular.

Exodus 30:24.

24
Cassia five hundred in shekel of the holiness, and oil of olive tree a hin.

계피 오백 세겔, 성소의, 그리고 기름을 올리브 나무의, 한 힌을

	1	2
A		
B		

Exodus 30:25.

25a

You shall make it oil of anointing of holiness spice of
mixture of ointments, work of mixed.

너는 만들라 그것을 관유를. 거룩한 향기의, 섞는 유제들로, 섞어서.

25b

Oil anointing the holiness it shall be.

그것은 거룩한 관유가 될 것이다.

	1	2
A		
B		

Exodus 30:26.

26
Then you shall anoint in it the tent of meeting and the ark
of testimony.

그리고 너는 바르라, 그것으로, 회막과 법궤에.

	1	2
A		
B		

Exodus 30:27.

27
the table and all its articles, the lampstand and it's articles,
the altar of incense,

테이블과 모든 그의 기구들이며, 등잔대와 그의 기구들이며, 제단과
그의 분향단과

	1	2
A		
B		

Exodus 30:28.

28
the altar of burnt offering and all its articles, and the basin
with its base.

제단과--번제의--그리고 모든 그의 기구들이며, 물두멍과 그의
받침이다.

	1	2
A		
B		

Exodus 30:29. You Shall Consecrate Them

29a
You shall consecrate them so they will be most holy.

너는 거룩하게 하라, 그들을, 그렇게 하여 그들이 가장 거룩하게
되리라.

29b
And all are touching them will be holy.

그리고 모든 그들을 접촉하는 것들이 거룩하게 될 것이다.

	1	2
A		
B		

Exodus 30:30. Aaron and His Sons You Shall Anoint

30
"Aaron and his sons you shall anoint and you shall
consecrate them to act as priest for me.

아론과 그의 아들들을 너는 기름 부으라. 그리고 너는 거룩하게
하라, 그들을, 제사장 노릇 하도록, 나를 위하여.

	1	2
A		
B		

Exodus 30:31-33. To the Sons of Israel, You Shall Speak

Exodus 30:31.

31
To the sons of Israel, you shall speak, saying:
31
'Oil anointing holiness shall be this to me for your
generations.

아들들에게, 이스라엘의, 너는 이야기하라. 말하기를: '관유다,
거룩한, 될 것이다, 이것이, 나에게, 너희 세대들을 위하여.

	1	2
A		
B		

Exodus 30:32.

32a
Upon flesh of a human being you shall not pour.
32
And in his measurement you shall not make like it.
위에 육체의--인간의--너는 붓지 말아야 한다. 그리고 그의
측정법대로 너는 만들지 말아야 한다, 그것처럼.
32
Holy it is, holy shall be for you.
거룩한 것이다, 그것은. 거룩해야 한다, 너를 위하여.

	1	2
A		
B		

Exodus 30:33.

33
Anyone who mixes like it, and who gives it from it upon
strange one will be cut off from his people.'"

누구나 섞는 자는, 그것처럼, 그리고 주는 자는, 그것을
그것으로부터, 이상한 자에게, 끊어질 것이다, 그의 백성으로부터.

	1	2
A		
B		

Exodus 30:34a. Then Said YHWH to Moses

34a
Then said YHWH
         to Moses:

그러자 말씀하셨다, 여호와님께서
         모세에게:

	1	2
A		
B		

Exodus 30:34bc-36.

Exodus 30:34b-c

34b

"You shall take for you spices sweet, gum resin,[10)] onycha[11)] and spices, and pure frankincense.

너는 취하라, 소합향과 나감향과 풍자향의 향품을. 향과 순수한 유향을.

34c

Separation in equal parts shall be.

그리고 각기 같은 분량이 되게 하라.

	1	2
A		
B		

---

10) The Hebrew hlbnh is a Hapax Legomenon (BDB 317b).
11) The Hebrew shhlt is a Hapax Legomenon (BDB 1006c).

Exodus 30:35.

35
And you shall make with it incense of spice mixture, a
work of mixing, to be salted, pure and holy.

그리고 너는 만들라 그것으로, 향신료의 향 혼합을, 섞어 만드는
일로, 염분이 있게 하고, 순전하고 거룩하게.

	1	2
A		
B		

Exodus 30:36.

36a
You[12] shall grind from it to crush.

너는 갈아야 한다, 그것으로부터 부숴서.

36b
And you shall give from it from the faces of the testimony in the tent of meeting that I will gather for you[13] there.

그리고 너는 주어야 한다, 그것으로부터, 얼굴들로부터 증거의, 회막에서. 내가 모을 것이다 너를 위하여, 거기서.

36c
Holy of holiness will be to you[14].

가장 거룩하게 될 것이다, 너희를 위하여.

	1	2
A		
B		

---

12) The second person is singular.
13) The second person is singular.
14) The second person is plural.

Exodus 30:37-38. The Incense That You Will Make in Her Measurement

Exodus 30:37.

37
The incense that you[15] will make in her measurement,
you[16] shall not make for you[17].
37
Holiness will be for you[18] to YHWH.

그 향, 곧 네가 만들, 그 방법대로, 너는 만들지 말라, 너희를
위하여. 거룩함이 될 것이다, 너를 위하여, 여호와님께.

	1	2
A		
B		

---

15) The second person is singular.
16) The second person is plural.
17) The second person is plural.
18) The second person is singular.

Exodus 30:38.

38
Anyone who makes like it to enjoy the smell in it shall be
cut off from his people."

누구라도 만드는 자는, 그렇게, 냄새를 즐기려고, 그것으로, 끊쳐질
것이다, 그의 백성으로부터.

	1	2
A		
B		

Exodus 30:37-38, A Reflection

Holiness to YHWH is not to be used for personal delight. Total dedication (herem) is required for Homo Venerabundus.

EPILOGUE

Exodus 26-30 holds the commands of covenants and what to prepare for the building tabernacle. A striking point is in the command to bring the worm-scarlet, the worm for the color. The specific color implies the blood of sacrifice, eventually that of Jesus Christ on the Cross. Between the lines of the laws, I have been touched deeply so that I had to stop reading the text in listening to the voice. May this great touching be shared with all who come to here to read the Echo Bible!

Eun Suk Cho
San Bruno

Made in United States
North Haven, CT
24 March 2022